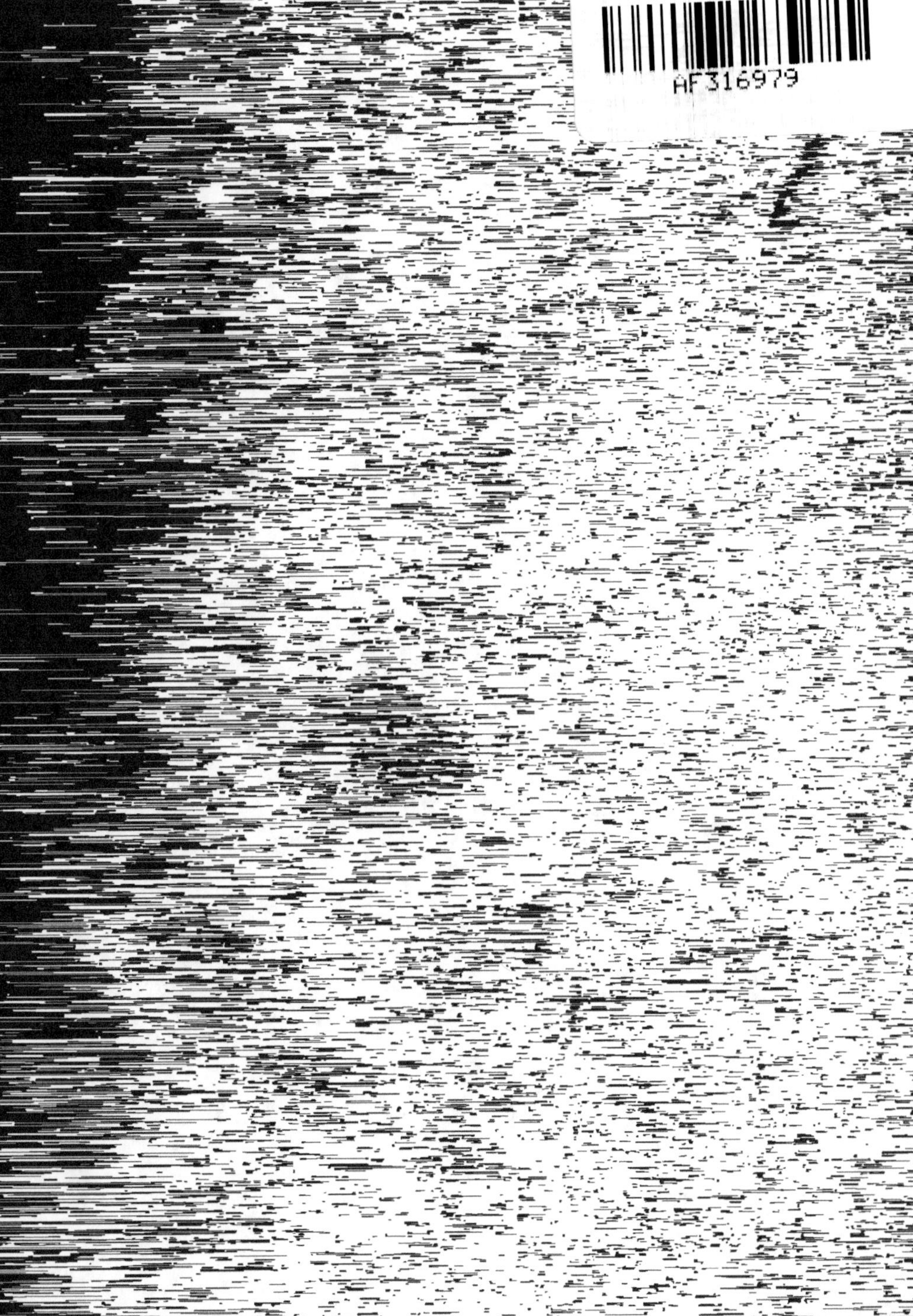

PROCLAMATION

Du Directoire français aux armées autrichiennes.

Adresse du Prince CHARLES aux armées françaises en réponse à cette proclamation.

Proclamation du Prince CHARLES aux Suisses.

Ordre donné par l'Archiduc CHARLES à son armée, au quartier-général de Friedbourg.

1799.

PROCLAMATION

*Du Directoire français aux armées autri-
chiennes.*

*Réponse à la proclamation du Directoire
par l'Archiduc Charles, aux armées
françaises.*

Proclamation du Prince Charles aux Suisses.

*Ordre de l'Archiduc Charles à son armée,
au quartier-général de Friedbourg, le 4
mars.*

BRAVES AUTRICHIENS,

Ce sont les Russes qui viennent vous forcer à
la guerre. Sans les Russes vous auriez toujours
vécu en paix avec les Français. Pourquoi donc vous
battriez-vous contre ceux-ci ? Ce n'est pas à vous,
mais aux Russes qu'ils en veulent. Vous ne pouvez pas rendre un plus grand service à votre Patrie, et terminer plus promptement la guerre,
qu'en abandonnant ces *Barbares insolens* (*diese*

insolentz barbaren) au châtiment que méritent leurs cruautés et que leur préparent les Français. — Sitôt que votre Empereur sera débarrassé de ces usses Rqui vous méprisent et qui le dominent, il s'empressera de revenir à la paix, et vous n'aurez plus à craindre de devenir les esclaves de la Russie.

(*Autrefois on dédaignoit de répliquer à ces apostrophes : l'Archiduc* Charles *n'a point imité cette indifférence*).

RÉPONSE DU PRINCE CHARLES

A la proclamation du Directoire.

SOLDATS FRANÇAIS,

Le Directoire vous conduit de nouveau à la boucherie. Esclaves de ses caprices, instrumens de son ambition sans bornes, et de la soif de régner qui le dévore, vous allez de nouveau répandre votre sang pour lui; et vous vous croyez libres! Il veut, il allume la guerre; ce n'est pas qu'il y soit forcé, mais parce qu'il craint la paix, qu'il redoute votre retour, vos réclamations, vos opinions et sa propre chûte.

On vous à dit que les Russes avoient pénétré dans les Etats autrichiens, afin de vous *attaquer*. C'est une imposture !

Au milieu de la paix, vos despotes se sont armés contre l'Autriche. Ils ont fait leurs préparatifs et en Italie, et sur le Rhin; traçant autour d'eux un cercle de petites républiques, soumises à la république mère, c'est avec leurs habitans qu'ils se sont formés une nouvelle armée. Ils ont renversé les trônes de Rome, de Piémont, de Naples, en employant plutôt la ruse et la trahison que le courage et la valeur ; et tandis que l'Allemagne négocioit avec eux, sous la foi de l'armistice, ils s'emparoient avec violence de la forteresse d'Ehrenbreitstein, la clef de tout l'Empire.

A la vue de voies de fait aussi criantes, que pouvoit attendre le roi de Hongrie et de Bohême? Qu'espérer d'un Gouvernement qui ne tint jamais ce qu'il promit, et qui se joue des traités les plus sacrés ? L'honneur de ce souverain, l'honneur d'un peuple fidèle et grand, ce qu'il doit à ce bon peuple, lui imposoient la loi d'être sur ses gardes et de se mettre en défense contre la force et la perfidie.

Dans cette situation douteuse, son fidèle allié, l'Empereur de Russie ; avoit fait avancer dans le voisinage de ses Etats, des troupes auxiliaires, afin de voler à son secours en cas qu'il vint à être attaqué. Il ne vouloit point être agresseur, car il est Allemand, et par conséquent esclave de sa parole. Mais vos directeurs , voulant la guerre, ont taxé de démarches hostiles, ces mesures dictées par la prudence, afin de colorer leur manque

(5)

de foi, et de donner un nouvel essor à votre en-
thousiasme expirant.

C'est ainsi, guerriers français, qu'on vous a
trompés.

Et pour qui donc courez-vous au combat et à
la mort ?

Ce n'est pas sans doute pour votre infortunée
patrie, — elle maudit la guerre. Ce n'est pas
pour votre constitution chancelante ! Une longue
paix peut seule lui donner quelque solidité. Ce
n'est pas non plus pour votre honneur; — car
des monumens de honte s'élèvent à côté de vos
trophées.

Vous courez au carnage pour satisfaire l'ambition, la tyrannie et la crainte de cinq hommes
qui gouvernent la France avec un sceptre de fer,
tandis qu'ils devroient n'être que les exécuteurs
des loix, et qui livreroient Paris aux flammes,
pour prolonger leur criminelle existence, ne fut-
ce que d'un instant.

Français! et c'est pour de tels hommes que
vous pourriez, que vous voudriez sacrifier votre
sang et votre vie ? Non ! Les tems du fanatisme
et de la fureur sont passés. La réflexion a pris leur
place ; le repentir a succédé aux crimes qui servi-
rent à fonder et à propager votre révolution.

Vous vous parez du nom d'amis des peuples et de l'humanité ; méritez donc ce titre si grand, si beau, que vous avez usurpé jusqu'ici. —

METTEZ FIN A LA GUERRE !

Vous le pouvez : sans vous, sans la force de vos bras, les despotes de Paris, avec leurs cent mille projets ne sont plus que de misérables créatures, sans courage et sans autorité. C'est de vous seuls que dépend la duré de leur puissance. Déclarez-leur que vous êtes las d'être esclaves et de continuer une lutte injuste et terrible contre des peuples pacifiques et tranquilles. Parlez, et vos contemporains vous béniront en vous admirant. L'humanité a des crimes énormes à vous reprocher ; réconciliez-vous avec elle, en les réparant par une paix qui sera votre ouvrage, et dont la durée égalera celle de la gloire que donne la Vertu.

Si le maintien d'une constitution que certainement personne ne vous envie, est de quelque importance pour vous..... hâtez-vous de saisir ce moyen ; il est possible, par lui, d'atteindre à ce but, quoiqu'il ne soit sûrement pas le vœu de la majorité de votre nation.

Une puissance formidable se lève contre vous. Sur les rives du Pô, du Tibre, de la Limmat et de l'Aar, depuis la source du Rhin jusqu'à son embouchure, tous les peuples, que selon votre expression vous avez *affranchis*, c'est-à-dire, *asservis*, menacent de briser leurs fers. Ils y parviendront. Le désespoir donne du courage et prête même au plus foible des forces surnaturelles. Vos proclamations sont sans effets; on connoît leur esprit. Vos promesses ne séduisent plus; on les méprise. Unis des liens les plus forts, l'Autriche, l'Angleterre, la Russie et la Porte, se présentent au combat; mais ce n'est plus la guerre des souverains qui gouvernent ces puissans Etats. C'est la guerre des peuples qui ne tremblent plus devant vos armes, et qui ont cessé d'adorer vos principes. Il y va de l'existence ou du néant, de la victoire ou de la mort.

Guerriers français! vous sauverez votre patrie en forçant vos despotes à une prompte paix.

Réparez vos torts envers l'humanité: votre heure va bientôt sonner: le vengeur s'approche! hâtez-vous d'agir.

PROCLAMATION
Du prince *CHARLES* aux Suisses.

A la suite de deux victoires remportées sur l'armée française, qui, sans déclaration de guerre, s'étoit avancée hors de ses positions ; qui, sans déclaration de guerre, avoit exercé de tous côtés des hostilités et fait des attaques, les troupes sous mes ordres entrent sur le territoire suisse, non pour faire la guerre aux Suisses qui ont des dispositions amicales, mais pour poursuivre l'ennemi commun contre lequel vous avez combattu vous - mêmes avec tant de bravoure pour défendre la liberté et votre indépendance, et dont la supériorité de forces a seule pu vous réduire à la malheureuse situation que vous ressentez si profondément, et sur laquelle vous avez déjà témoigné si hautement votre mécontentement. Parmi les tentatives et moyens que l'on a employés pour vous retenir dans cet état de dépendance et d'assujétissement, on a cherché à faire croire que la Cour impériale et royale avoit des projets de démembrement ou autres vues de cette nature sur la Suisse. On tâche aussi de vous alarmer, en répandant que vous à craindre des vexations et le pillage de la part de l'armée impériale.

Je crois devoir par cette raison déclarer solemnellement à tous les Suisses, que les intentions de sa Majesté impériale, conformément aux assurances qu'elle a fait donner dans toutes les occasions à la ligue helvétique de ses dispositions constantes d'amitié et de bon voisinage, est fermement intentionnée de continuer avec elle de la manière la plus active ces anciennes relations amicales ; et qu'aussi S. M. impériale n'a d'autre vue que de contribuer en bon voisin à ce que la Suisse soit maintenue sans la moindre atteinte dans son indépendance, son intégrité, ses priviléges, droits et possessions.

J'attends de mon côté avec confiance, que les troupes sous mes ordres, dont l'entrée sur le territoire suisse, occasionnée par les circonstances connues, n'a lieu que dans cette vue pure et solemnelle manifestée, pour la sûreté commune, seront traitées amicalement et assistées par tous les membres de la ligue helvétique bien pensans, et qui ont à cœur le bien de leur patrie, et que le peuple suisse évitera soigneusement tout ce qui pourroit augmenter les maux de la guerre.

Parmi les suites heureuses qu'une telle conduite aura pour la Suisse, l'on peut compter la suppression des mesures que des vues hostiles et la violence ont arrachées, et le rétablissement des relations de commerce et de la communication entre l'Allemagne et la Suisse.

Stokach, le 30 mars, 1799.

L'ARCHIDUC CHARLES.

ORDRE

DE L'ARCHIDUC CHARLES A SON ARMÉE.

Au quartier-général de Friedbourg, le 4 mars.

« Le mouvement qu'a fait l'armée française le premier de ce mois , pour s'avancer des positions qu'elle avoit occupées jusqu'ici , me détermine à présenter à MM. les généraux de l'armée impériale et d'Empire , un court apperçu des événemens qui se sont passés depuis environ un an à notre égard, et qui nous ont enfin amenés au point où nous nous trouvons aujourd'hui. A peine les traités les plus solemnels entre l'Empereur et l'Empire d'une part , et la France de l'autre , eurent été conclus , que le Gouvernement français commença à montrer l'intention d'abuser , avec une injustice criante, de la retraite des armées dans les positions militaires qu'elles avoient prises en se reposant sur la foi publique. Le peuple pacifique de la Suisse est subjugué ; et l'on cherche par tous les moyens les plus violens à le transformer en allié docile et assujéti , et à s'établir par-là sur le flanc

de l'Allemagne. On refuse , au milieu de l'armis=
tice , le ravitaillement d'Ehrenbreitstein consenti
par les conventions les plus précise ; on bloque
étroitement cette forteresse ; on dévoue de sang-
froid , et sans égard pour le droit des gens , et le
cri de l'Europe , les habitans paisibles du Thal et
la brave garnison d'Ehreinbreitstein, à la famine,
et les restes de cette garnison affamée se voyent
forcés d'évacuer cette place importante.

« Dans le moment où l'on se permettoit de pa-
reils actes , inouis dans l'Histoire des peuples ,
dans le moment où l'on continuoit à lever des con-
tributions et des réquisitions sur la rive droite ; où
le ton des ministres français au congrès de Rastadt
devenoit toujours plus impérieux , et où l'on ac-
cumuloit d'une manière injurieuse à la Nation
allemande , des prétentions toujours nouvelles ,
on n'hésite pas de nous faire la demande , de la
part des Français : « Si l'on étoit disposé à se pré-
» parer à la résistance contre des opérations futu-
» res de ce genre , c'est-à-dire à la guerre ? » A la
réponse : « Si les hostilités ont un terme de la part
» des Français , si Ehrenbreitstein est évacuée ,
» si l'armée française se retire de la rive droite ,
» si les troupes françaises en Suisse qui cernent et
» menacent l'Allemagne , sont éloignées , et s'il
» est conclu à Rastadt une paix raisonnable , fon-

» dée sur la justice et non sur l'asservissement de
» l'Empire; » — à cette réponse, on ne répliqua
de la part de la France, autre chose si non, que
l'on espéroit que la diète prendroit une résolution
telle que la France la souhaitoit : ce qui vouloit
dire, en d'autres termes, que l'on devoit laisser
les Français continuer à exercer librement et com-
modément les hostilités, que les Allemands, ainsi
que d'autres peuples, devoient regarder comme
des dispositions amicales et pacifiques.

« A tous ces faits ajoutons la déclaration que fit
alors le commandant de l'armée française : *qu'il
avoit ordre de s'emparer de positions militaires avan-
tageuses ;* sans doute pour se mettre en état, après
s'y être suffisamment préparé, d'attaquer subite-
ment les Allemands, de pousser dès le premier
moment la République des Suisses jusqu'au
Danube, de lui donner pour bornes ce fleuve et
celui du Lech, et enfin, d'étendre toujours davan-
tage sur ses invasions.

» Les troupes françaises sortant ainsi de leurs
anciennes positions, on voit clairement quelle
étoit la première précaution militaire, nécessaire
au salut et au repos de l'Allemagne. C'est pour par-
venir à ce but important et sacré que j'ai pris la résolution de passer aujourd'hui le Lech. Je suis
pleinement convaincu que les armées sous mes or-

dres exécuteront mes desseins avec cette confiance, cet attachement sans bornes, qu'elles m'ont témoigné dans un si grand nombre d'occasions décisives, d'une manière qui éternisera, dans l'histoire de la guerre actuelle, leur fidélité inébranlable, et leur bravoure à toute épreuve.

» J'ai pris tous les moyens nécesssaires pour que les subsistances ne puissent manquer à de si braves troupes. Mais j'attends avec confiance de leur part qu'elles ménagent tous les habitans des campagnes et des villes qui se montreront nos amis, et qu'ils en soient traités avec ces égards et cette exactitude scrupuleuse qu'ordonnent la justice et la probité ; ainsi que les premiers principes de la morale. Dans le cas où quelques individus oublieront assez leur devoir, pour ternir par des excès l'honneur et la gloire de l'armée à laquelle ils appartiennent, je fais la déclaration la plus solemnelle, qu'ils seroient punis avec toute la sévérité des loix militaires. Comme je suis persuadé d'ailleurs qu'il est au pouvoir de chaque commandant de prévenir les excès de tous les genres en maintenant le bon ordre et la discipline, je rends tous les commandans de régimens et chefs de corps personnellement responsables de tous les désordres de cette nature qui pourroient survenir ».

F I N.

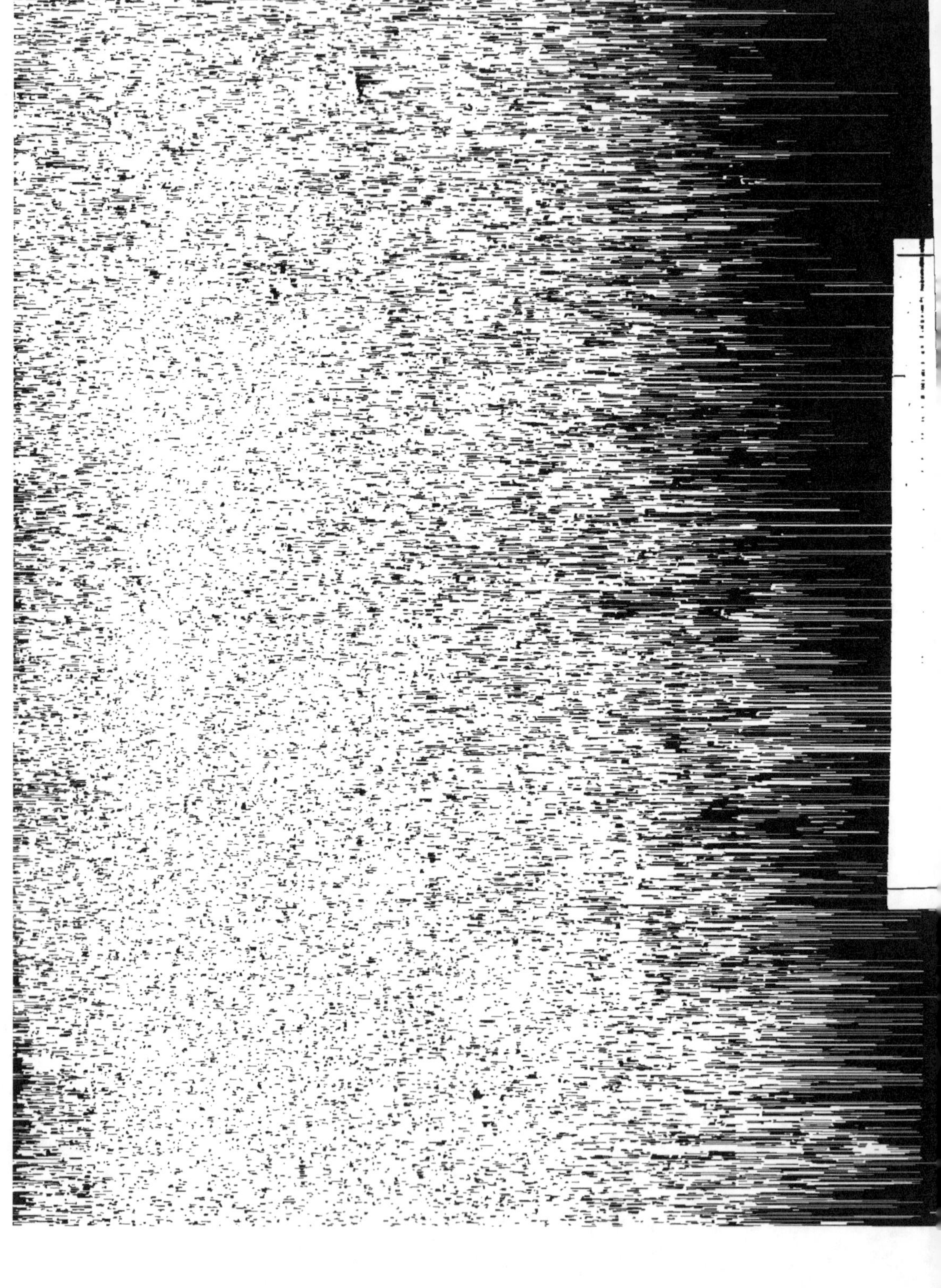